어른이 된다는 건
이름 앞에 무엇인가 붙는다는 것

어른도 아프다

한우림 시집

▎디카시▎
나의 발

그대, 이제
고운길만 걸어요
맘 상하지 말고
울지도 말고
늘 가슴설레게 추억처럼
영화처럼
꽃길만 걸어요
응원할게요
용기를 줄게요
그대, 이제
아무 걱정 하지 말아요

나의 발
편견에 맞서 견디느라 애썼다

▌디카시 ▌
앵초꽃

앵초꽃

부끄러운 속살처럼
다소곳이
어릴 적 소꿉친구 같은
어여쁜 꽃이여
너와 함께

다섯 살로 초등학교 시절로
돌아가 본다
햇살 같은 추억 하나
빙그레 웃으며 반기고
난, 너와 함께 아름다운 희망
소중히 간직한다

시인의 말

　삶의 언저리에서 나를 버티게 해주고 가끔은 뒤를 돌아보게도, 가끔은 여유로움도, 그립게도, 이런저런 사연들로 사계절을 메꾸어 가는 동안 마중물이 되어주었던 너, 만지작거릴 때마다 가슴이 설레고 그리움이 일렁인다.

　이제 나이가 들어 세상 바라보는 눈이 달라졌지만 너를 세상에 내보이는 일은 두려움이고 희망이었어. 더러 험한 세상이기도 하지만 설령 아무도 찾아주지 않는 오솔길 따라 걷는 길 모퉁이여도, 따사로운 햇살 만나 활짝 꽃이 피었으면 좋겠구나.

차 례

시인의 말 … 5

제1부
솔나물꽃

하늘 닮은 너 … 13
새해 인사 … 14
너 같은 소리 하시네 … 16
1 ℃ … 18
작음 … 20
바람 불어 좋은 날 있을까 … 21
하조대 … 22
삶을 그리다 … 23
풀과 꽃을 가리다 … 24
가을을 채우다 … 26
천천히 가기로 했다 … 28
오지의 삶 … 30
언제나 아침은 … 31
그대, 봄 … 32
대한민국 헌법, 안녕하신가? … 33
프러포즈 … 34
삶을 그리다 · 2 … 36
그날의 이야기 … 38
오늘 아침 대한민국 … 40
어른도 아프다 … 42

제2부
층층이꽃

뿌리 깊은 나무 … 47
할머니의 꽃, 동백 … 48
능소화 … 50
잃어버린 마을 … 52
지슬 … 54
바리데기 … 55
지금, 여기 … 56
마중 … 58
극한 초보 … 60
4·3의 진실 … 62
그날 1 … 64
사랑은 아프지 않아도 눈물이 난다 … 66
2024년 3월 … 67
또 다른 나 … 68
바다를 떠나오다 … 70
너에게 10 … 71
너에게 11 … 72
나이 … 74
아직도 살아있음에 고마움이야 … 76

차 례

제3부
초화화

다들 그렇게 살아왔겠지 … 81
남아있는 많은 날 들을 위하여 … 82
그립단 말도 … 84
문득 … 86
그해 여름 … 87
침묵 속의 방 … 88
나는 지금 나를 찾는 중이다 … 89
봄이 가버렸어 … 90
정월 초하루 … 92
흔적, 남아 있는 것들에 대하여 … 94
겨울 창문 너머 햇살 따사롭다 … 96
이력서 … 97
가을 … 98
새싹만 봄을 맞이하는 건 아니다 … 100
낮게 깔린 황사, 맑은 하늘을 보고 싶다 1 … 102
낮게 깔린 황사, 맑은 하늘을 보고 싶다 2 … 104
밤하늘의 모빌 … 105
건조주의보 … 106
비의 변주 1 … 108
비의 변주 2 … 110

제4부
보랏빛 창포

부두 노동자 … 115
거리 … 116
이별 연습 … 118
신 뻬레그리노스 … 120
나는 이렇게 산다 … 122
치매 1 … 124
치매 2 … 126
치매 3 … 128
치매 4 … 130
그따구 말짱 집어놓고 끓였어 … 132
코로나19 - 고구마 … 134
코로나19 - 출구 … 136
코로나 19 - 하루 … 138
코로나 19 - 푸른 희망 … 140
코로나 19 - 무질서한 언어 … 142
어르신 운전 중 … 144

차 례

제5부
처녀치마

가계도 … 149
비 오는 날의 단상 … 150
봄날의 선물 … 152
잘살아 보세 … 154
머들 … 156
편지 … 157
가을 … 158
애쓰지 마라 … 159
바람의 아내 … 160
시간 … 162

제1부 솔나물꽃

향기 따라
발걸음 옮기니
소꿉장난하듯 피어나
작은 손짓 건네주며
같이 놀자 한다

자잘한 꽃송이 모여
너는 아빠하고
나는 엄마하잔다

그래, 어릴 적 동무 이름
하나 하나 불러
애닳은 그리움 건네보자
애야기꽃 피워보자꾸나
예쁘게 피어난
너와 나의 시간
맘껏 누려보자꾸나

솔나물 꽃

땅나리

단 한 번도
순하게 지난적 없던 계절
불타는 그리움으로
고개 숙인 고독한 자유
누가 보지 않아도
그 이름을
불러주지 않아도
우아한 속눈썹 올리고
붉게 타올라 유혹하는 너

키가 자라지 못해
땅과 친구가 되었다
수줍은 듯 고개 떨구고
요염하게 유혹한다
그래 키가 작은들 어떠랴
주인의 마음을 훔쳤으니

하늘 닮은 너

늘 미소를 머금고
까르르 웃는 너의 모습

하늘을 닮아 무한한 꿈을 가진 아이
파란 하늘 닮아
희망을 듬뿍 가진 아이
예쁜 마음을 가진 아이

모든 사람들에게 희망이 되어주렴
꿈이 되어주렴

사랑한다, 슬기롭고 착한 아이야
우리 곁에 와 주어 참 고마운 아이야
모든사람들에게 웃음을 선사해주렴
기쁨을 안겨 주렴 사랑을 나누어 주렴

박이로운 너는, 우리의 희망이란다

새해 인사

묵직하다
밤 귀 밝은 개 한 마리 짖어대는
가늠할 길 없는 어두운 심연
짧은 평생, 뭐하며 살았을까

얽히고설킨 모진 삶
덧칠한들 무에 그리 서럽다고
돌아앉은 자리 버거워
빈 벽 더듬는 눈망울, 그렁그렁 맺힌 방울마다
한숨 서려 무게 안고 떨어지는 고요

지겨운 인생살이
휘감아 온 치마폭 사연이야
살아가는 죄보다 더하랴마는
이 밤 보내 새해를 맞아
어둠 빛 자리 내 준 황망한 아침 해 마주하면
무어라 감언이설로 희망을 말해주랴

살아있는 숨
부끄러워 떠나지 못하는 길
그래도 다시 와 준 새날 민망하여
그저, 지나가는 말로라도, 늘 행복한 날 되소서

너 같은 소리 하시네

철딱서니 없는 사람과
농사를 같이 짓는다
겨울이 가기 전 참나무를 베어
표고버섯 종자를 넣기로 했다

미안하다 마음속으로 속삭이며
산 중턱의 나무를 베고
버섯 목 놓을 자리를 궁리한다

자연산은 아니지만
최대한 자연과 어울리게
눈서리도 맞고 비바람도 보듬어
그늘도 져야겠지

초보 농사꾼
비닐하우스 안에 넣으면 어떠냐고 물어온다
여름이면 더위에 푹푹 찌고
겨울이면 추위 견디느라 꽁꽁 싸매
물 한 모금 먹을 수 없는 곳

아무리 초보 농사꾼이라지만
비바람 막아줄 고운 마음이었겠지만
어이없는 말
참 너 같은 소리 하시네

1 ℃

봄에 꽃이 피어도
설레지 못했지 그저
자연의 섭리니까
꽃이 만발하여 초록색 물감이
두런두런 번지며 손잡고 가자고
가을을 향한 절정은 더 아름다울 거라고
속삭여도 선뜻 내밀지 못했다

오래 묵은 사랑은
다시 피어날 것들이 두려워
말라 삐뚤어진 무말랭이처럼
곰삭아 냄새 풀풀 풍겨도
그 맛에 취해보려 발버둥만 쳤지
꺼내어 갖은 양념하여 통참깨
통통 뿌려 밥상에 올리지 못했지

그것뿐이랴
수줍게 스며든 햇살
꽃향기 코끝을 스치며
사과꽃 향기 천지간에 일렁여도
그 향기에 취하지 못했지.

작음

며칠을 뒤척였다
고작 몇십 분 태어난 지 3일 만에
가슴에 안고 우유를 먹였을 뿐인데
그리움은 가슴속을 파고든다

두 손으로 안기에도 작은
참으로 고운 아가야

문득 작은 꽃들이 생각난다
벚꽃잎, 개나리, 꽃잔디
채송화, 매발톱꽃, 앵초꽃

작음은
곱다, 사랑스럽다
그리움을 준다

두 번째로 태어나
또 다른 설렘을 주는 민서
네가 주는 새로운 기쁨

바람 불어 좋은 날 있을까

늦가을 바람이 불러 나선 길
소소하게 느껴지는 작은 설렘
그거 하나면 족하다 여기며
어디든 마냥 가보자던 마음은
노란 잎을 풍성하게 보듬은
은행나무 앞에 멈췄다

어린아이마냥 들뜨다
은행잎과 눈 마주친 시간

조금은 세차다 싶을 정도의
바람이 불어오고 우수수 떨어지는 은행잎
이보다 아름다운 풍경이 또 있을까
가을 산 우려내어 겨울로 가는 노란 단풍
사람이 눈물 나게 보고 싶고 이유도 없이
사는 게 부아가 생기고 지랄 같은 날엔
바람 따라 나서보자

바람이 지나고 혼자 웃음 지어보는
노란 단풍, 참 맛깔스럽다.

하조대

등대와 마주하고 서 있다
혼자인 게 조금은 쓸쓸하지만
그 정도는 참을 만하다
얼음이 채 녹지 않는 길
바위에 손 의지하며
거북이걸음으로 느릿느릿
오늘의 건강이 내일의 행복이라며
계단의 쓰여진 글귀는 나를 부추기지만
여전히 계단은 버겁다

풍경과 사람을 찍으려
분주한 틈 사이로 지나가기도
잠시 머물러 기다려 주기도
아픈 다리 다독다독 한없이 넓고 푸른
바다를 마주하고 서 있다
푸르른 소나무 가지가 건네주는
비릿한 겨울바람
널뛰는 가슴 내밀어
고향의 냄새를 맡는다

삶을 그리다

먼 산 바라보며 아침을 먹는다
조그만 터에 조그만 집

현관문을 열고 나오면
두어 발자국 자리에 있는 다용도 책상
산수를 보며 커피도 마시고 글도 쓰고
어쩌다 한번은 밥도 먹는다
거기에 앉으면 멀리 자동차 소리 들리고
앞산 옆 산, 옆집, 아랫집 개 짖는 소리도 들린다

앙증맞은 꽃들은 꽃밭에서 소꿉장난하고
된장 항아리 곰삭은 어머니 냄새
저녁노을이 7부 능선을 따라 황홀하게
앞산을 비추는 기막힌 풍경을 마주하면
곱게 늙어가고 싶은 소원 하나 염치없이
슬쩍 얹어본다

풀과 꽃을 가리다

며칠 지독하게 장맛비 뿌리더니
잡초가 저세상인 양 아우성이다

육십에 얻은
조그만 텃밭, 꽃밭
들꽃과 나물들이 자라는 비탈진 보금자리

봄부터 화분에서 자라던 꽃과 나무들
땅으로 옮기고 이른 봄, 복수초가
수줍은 듯 인사하는 시간 지나
앵초꽃이 까르르 웃음 터트리고
나리꽃, 수레국화, 금잔화, 매발톱꽃, 채송화

이사하느라 정신없었던 며칠
문득, 비탈에 심어놓은 동자꽃이 궁금하여
발자국이 멈춘 자리
꽃인지 풀인지 손바닥만 한 비탈이 초록이다
햇살 사이로 고개를 내민 꽃들의 향연

서둘러 풀과 꽃을 가리며
문득, 뜬금없는 생각
이젠 풀을 먹는 법을 배워야 할 것 같다

가을을 채우다

수줍게 스며든 햇살
하늘 아래 창 하나 갖고 사는 일이
어찌 그리 힘들었는지

지루할 틈이 없는 산골
백여 가지 꽃, 나물과 과일나무
똥강아지처럼 뒹굴며 어린 시절로 돌아간 듯
비밀을 간직한 것처럼 설렘은
먼저 달려가 손짓하고
너무 빨리 달려와
미처 마음이 따라오지 못했을까
마음은 그대로인데 몸은 부지런히 늙어가고
지난 세월 문득 돌아보면
가슴이 뜨거워진다

세상은
너무 뜬금없이 고요해지고
누구나 실수를 하고
서투름 속에 살아가지만
감동은 혀끝에도 남아있는 것일까
마지막 가을을 마주한 시간
참, 맛나다

천천히 가기로 했다

물속에 있어도 목이 마르고
꽃을 피우고도 열매를 맺지 못했던 지난날
토끼걸음으로 바쁘게 살면서
퇴직하면 산새와 바람이 만들어 놓은
조용한 곳에서
뻐꾸기처럼 얹어 살려고 했다

어렵사리 얻은 조그만 터
여름 햇볕 피해 가며 호미 하나로
꽃밭 만들고 돌을 모아
장독대를 만들고 된장을 담았다

좋아하는 꽃씨 뿌려놓고
먹고 싶은 나물 갖가지 심었다
해가 떠나고 나면 고요한 산이 찾아오고
발자국소리 하나 들으며 활짝 웃는 꽃들

그저 마음이 넉넉해지는
지나가는 바람 한 조각 벗 삼아
아직 정년이 조금 남아있어 마음은 급하지만
천천히 가기로 했다

오지의 삶

짙게 드리운 어둠이 배게 밑에 와 누우면
가끔 그런 상상을 한다
온 방 안이 촛불로 팡파레 울리고
혹은 가지마다 걸린 조그만 전구들이
앞다투어 반짝거림을 시도하는 근사한 공간에서
멋진 프러포즈를 받는 것이다

멋쩍게 웃어본다
눈 내리는 날이면 한 시간 넘게 눈 치우고
어설프게 걸쳐 입은 정장에
한 가닥으로 쪽맨 머리를 내리고
출근해야 하고, 주말이면
고추, 상추, 호박, 옥수수
갈라진 투박한 손, 촌 아줌마
메주 냄새 띠운 퀴퀴한 살림살이
머리맡에 수북이 쌓인 꿈 먹고 자란 시집들

아무도 와 주지 않는, 간간이
개 짖던 소리도 멈추어 버린 한적한 시골
멋진 프러포즈, 오랜 꿈을 꾼다

언제나 아침은

아무 일 없듯이 찾아온다

밤새 들고양이 음흉하게 울어대고
간간히 고라니 울음소리 짝을 찾는듯
산울림처럼 퍼져나가고
화답인 양 갈잎 서걱서걱
적막을 몰고 온 고요가 숨을 쉬면
달콤한 꿈을 꾼다

복수초 해맑게 웃고
산수유 노랗게 미소 지으면
버들강아지 톡톡 아침을 열고
이름 모를 새들 짝짓기하느라 아우성인데
산골 그림같이 올라오는 언덕
올 사람 있거나 말거나 눈 치우라고
싸락 싸락 아침 창문 두드리는 미안한 소리

밤새 함박눈이 내렸다
아직은 겨울이었다.

그대, 봄

진달래, 개나리
철쭉, 산목련, 메발톱꽃

욕심도 참 많아
나뭇잎 틔워 꽃피우고 새 지저귀고
그것도 모자라
고향 떠나온 이내 마음까지
뺏어가셨나

초록이 아우성치면
오롯이 내어 주고 말 일인데
뺏어간 마음 어디에 두려고
초록에 묻어갈까
꽃진 자리 다소곳이 흙이 되어 묻힐까

아쉬운 마음 꽃길 따라
마냥 걸어도
눈에 보이는 모든 것
언제나 희망이어라

대한민국 헌법, 안녕하신가?

7월 17일 대한민국 국경일
삼천만 한결같이 지킬 새 언약
이날은 대한민국 억만년의 터
물과 공기와도 같은 한 나라의 헌법

슬프다
서럽다
대한민국 국민인 게 부끄럽고
목소리 내지 못하는 게 슬프고
먹고 살아야 하는 일이 최우선인
민초의 삶이라 서럽고, 또 서럽다

헌법의 가치와 의미는
일흔여덟 해를 지나오며
지금의 가치를 아우를 수는 없겠지만
뉴스마다 잘난 나으리들의
무식한 작태가 부아가 생기고 꼴사납다.

프러포즈

1월엔 발자국 소리 하나 들리지 않는
하얀 눈이 소복이 나의 창문을 두드린다오
3월의 끝자락엔
한양엔 개나리, 진달래 아우성인데
그제야 복수초 삐죽이
고개를 내밀어 반겨준다오

5월이 되면 산나물도 춤을 추고
메발톱꽃, 땅나리, 한련화, 꽃잔디
눈 마주칠 때마다 활짝 웃어
마음 가득 부자가 된다오

8월엔 더위 피해 나무 그늘에 앉으면
징그럽게 울어대는 매미소리
10월엔 나뭇잎 하나하나
떨어지는 소리 고즈넉하게 들리고
12월엔 사각사각 낙엽 밟으며 텅 비어버린
산과 함께 두런두런 이야기 나눈다오

어떠신가요?
산다는 게 별거 아니란 걸 알 때쯤
그렇게 그렇게 산과 들과 꽃들과
소설 같은 하루하루 같이하여 볼래요

삶을 그리다 · 2

풀도 같이 키워야 해요
꽃밭 풀을 뽑고 있는데
옆집 노총각이 말을 걸어온다

안돼
꽃밭이 작아서 꽃만 키워야 해
자잘한 소통이 되는 농담을
주고받는 이웃

홀로 살기를 좋아해
아들이며 지인들이 늘 걱정 어린
말을 들으면서도
세상과 친화되지 못한 주변머리는
산골 타령만 했었다

이제 겨우 마련한 터
산골도 아니지만 시끌벅적한 도시도 아닌
한 골목에 세 집이 살고 있다
애초에 울타리는 만들지 말자고 약속했고
아주 낮게 옆집이 다 보이는 곳
조금 불편한 것도 있지만

참 다행이다
참 고맙고 감사하다
마음이 통하고 눈길 주고받는
이웃이 있어서

그날의 이야기

이 땅
이 바다
이 하늘을 위해

하늘도 울고 땅도 울고
산천초목도 울었던 그날
조국의 부름을 받고
꽃다운 청춘을 버려야 했던
전우들의 시체를 넘어
살아야 충성을 하지 죽어서는 못한다
피 울음 토하며 넘어온 전장

74년, 지나온 시간은 점점 기억을 잃고
다가올 시간들은 점점 숨을 잃어 가는
6.25 참전용사 영웅들의 이야기
살아남은 용사들은
가슴에 카네이션을 달고
비통한 마음으로 국가의 충성
국민에 대한 사랑을 다시 한번 맹세한다

삶이 바빠 되돌아보지 못한 시간
슬퍼하고 있었던 당신의 아픔
그 슬픔 오롯이 가슴으로 다가와
뭉클한 마음으로 회한의 마음으로
6.25 노래를 따라 부릅니다
오늘 하루만이라도
아버지, 당신을 존경하는 마음으로
살아가겠습니다.

※ 2023년 6.25 행사에서 김진태도지사님께서 다음 행사에 카네이션을 달아 드리겠다는 약속으로 올해 참전용사들은 모두 가슴에 카네이션을 달고 있었다.

오늘 아침 대한민국

앞산 능선은 안개를 보듬어
쉬이 곁을 내주지 않더이다
조바심 내 볼 일이 아닌 것 같아
커피 한 잔 마시고
넓지 않은 거실 바닥 닦아내고
김장 때 쓸 쪽파 심으려 손질하고
뉴스에 나오는 정신 나간 정치인을 보고
찰지게 욕 한번 하고 나니
하늘거리는 속살 벗어내고
따뜻한 아침햇살 새초롬히 다가온다

뉴스마다
채널을 돌리게 하는 세상살이
나 하나 걱정한들 세상이 바뀌랴마는
그래도 노심초사 이러다 지구가 사라져 버리는
인간의 벌을 왕창 받는 건 아닐까
우스운 생각도 하여 보다
생뚱맞은 생각은 정신을 차리고
잠깐의 미소로 어림없는 상상임을 알아채고
다시, 국민이 되어 자잘한 걱정을 하여 보지만

오늘 아침 대한민국
늘 그 자리에 있었습니다
고맙습니다.

어른도 아프다

어른이 된다는 건
이름 앞에 무엇인가 붙는다는 것

잃어버린 간절함 속에 배려라던가
숨 쉬는 작은 공간의 양보라던가
우여곡절 끝에 갖게 된 지혜라던가
고통이 묻어나는 용서라던가

주인공으로 살고 싶을 때도 있었고
숨어버리고 싶을 때도 있었다
아등바등 애쓰며 살 때도 있었고
다 놓아 버리고 싶을 때도 있었다

어른이라고 다 정답만 아는 건 아니다
잠깐 돌아서면 아름다운 풍경이 있고
소풍 가기 전날 어린아이마냥 설레는데
어른이 되어 체면을 가져야 한다

어른이 되어도 그리움은
가슴을 설레게 한다
살아온 날보다 살아갈 날이 많지 않은
마주 보는 저녁노을 눈부시게 시리다
이럴 땐 그냥 염치없이 잠깐 돌아서서
다른 풍경을 바라보자

제2부 층층이꽃

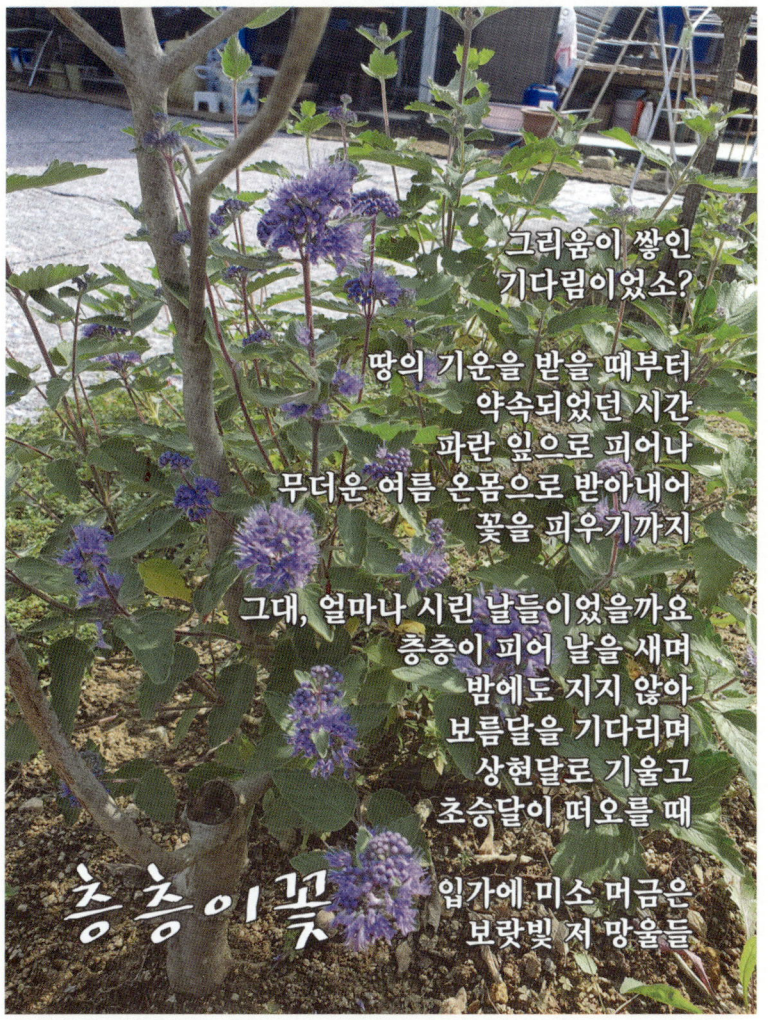

그리움이 쌓인
기다림이었소?

땅의 기운을 받을 때부터
약속되었던 시간
파란 잎으로 피어나
무더운 여름 온몸으로 받아내어
꽃을 피우기까지

그대, 얼마나 시린 날들이었을까요
층층이 피어 날을 새며
밤에도 지지 않아
보름달을 기다리며
상현달로 기울고
초승달이 떠오를 때

층층이꽃   입가에 미소 머금은
보랏빛 저 망울들

오이풀

열매일까
꽃일까
마음대로 생각하기

한그루 풍성하게 피어
소나무와 어우러져
하늘 함께 정원을 물들인다
나도 따라 젖어본다
들에 있으면
저 홀로 피었을 것을
무심하게
안부를 물어본다
여기는 어떠냐고....

뿌리 깊은 나무

쉬~익 쉬~익
숨이 차올라 뭍으로 얼굴을 내밀어
쉰 바람 길게 파도를 일으키는 하루
어느 날, 이유도 모른체
빨갱이로 몰려 유복자로 태어난 어머니

진한 성게국 한번 먹어보지 못한 손끝은
숱한 가시에 멍이 들고
선착장 한 켠에 수북이 쌓인 껍데기들
휑하니 가슴속에 쓰러져 있다
바다의 몸을 풀어 삶과 죽음을 넘나들던 생

의식하지 않는 일들은 아무렇지도 않듯
무관심으로 무장해 보지만
하루에도 몇 번씩 의식 없이
그리움의 문을 연다
오랜 시간 떠나와 있어도 늘
명치끝의 아픔으로 되새김질한다

할머니의 꽃, 동백

'그때 얻은 관절염이 죽어야 끝나주게'
숨을 쉴 때마다 돋아나는 통증
겨울에 피는 동백꽃이 무시로 좋다며
바보처럼 웃었던 당신

하르방, 삼촌, 아즈방 먹을 밥거리
속바지 가랑이 발목 꽁꽁 동여매고
허리춤으로 쌀을 가득 넣어
행여 들킬세라 정신 놓은 척
모자란 추임새 곁들이며 절룩거리던 다리
중산간 부락에 산다는 이유로
빨갱이로 몰려 숨어 지냈던 허기진 시간
죽는 날까지도 놓지 못한 아픈 기억들

얼마만큼의 시간이 지나야
허기진 슬픔 하나 오롯이 다독여 줄 수 있는지
피 멍든 할머니의 애닯은 통곡 소리
아무 일도 아니듯 다가설 수 있는지

그대 가신 그날이 와도 속절없이 활활 타오르는
아! 붉은 저 꽃

능소화

여름이 다 간 계절, 끝자락 붙잡고
후드득 떨어져 내린다

'밥 한 톨 허투루 버리민 안되어'
아침에 일어나면 혼잣말로 중얼거리며
쌀독으로 기어간다
속바지 다리 끈을 발목에 질끈 졸라매고
허리춤으로 주먹 쌀을 퍼 넣는다

넋 놓고 바라보던 아버지
'이제 그만 헙써'
겨우 방으로 모시고 간다
곶자왈에 숨어 지내는 사람들 양식 나르던 먼 기억
한 달에도 몇 번씩 치러내는
전쟁 같은 시간

'이거 몇사름 양식인디 동트기 전에 갔다 와야 되어'
신경통으로 두 다리 앉혀놓고 뼛속까지 걱정으로 뭉친
치매 걸려 삼시세끼 잊었어도 또렷이 남아 있는
할머니의 한 맺힌 그날의 아픈 이야기
후드득 같이 떨어져 내린다

잃어버린 마을

1948년 4월 3일
숨비소리 길게 바다를 잠재우고
고향 바다 민중의 피로 붉게 물들이며
남북분단이라는 한반도의 비극에
쓰러져간 순한 이름들

죽창에 찔리고
총에 맞아 쓰러졌던
삼촌 이름 한 번 불러보지 못했다며
전설이 되어버린 한 맺힌 이야기들
배꼽 나온 고무줄 치마 입고 앞니 두어 개 빠진
새하얀 웃음으로 달려오는 철 지난 어린 소녀
눈 동그랗게 뜨고 역사로 패인 깊은 상처
뜻도 모르며 들었었지

숨 가쁘게 달려온 중년의 문턱
마을의 터줏대감 팽나무 있던 자리
그 팽나무 잘리고 곱게 단장한 대리석 평상
그렁그렁 한 맺힌 색바랜 깜장 고무신
꿈에서도 잊지 못하는 내 고향의 아픔

애써 '나였노라고' 소리치는 절규
거칠게 심장을 지나는 바람
낯익은 영혼 하나 복사꽃 울음 운다

지슬

아무것도 멈추지 않는 밤
지난 시간 무수한 이야기들로
토방 집 땅속에서 잠을 자던
곰삭은 할머니의 낡은 이야기
오랜 각질로 털어낸 기다림은
눈 속에 묻히고 묵묵히 거름이 되어갔다

신열로 불을 켜는 밤
한바탕 바람이 남기고 간 흔적을 안고
말없이 기온을 떨구어 발가벗은 채
하고 싶은 이야기들 가시처럼
지나온 세월 꾹꾹 다시 밟으며
땅 밖으로 나오려 한다

토실토실한 열매만 건져내자
군더더기는 모두 버리자
이젠, 진실만을 이야기 하자
인내로 참아낸 한 맺힌 지난 시간
무참히 쓰러져간 영혼은
가엾은 내 피붙이였다고

* 지슬 : 감자의 제주도 말

바리데기

십 년을 앓은 신경통은
사지 멀쩡했던 다리를 주저앉혔다
가부좌를 틀어 상반신을 곳곳이 쳐들고
깊게 패인 주름살은
집안 구석 구석마다 똬리를 틀었다

거세 등등한 다리는
유년의 독을 품은 손녀의 악담에도
아랑곳없이 만만한 며느리 생을 담보로
새날 마중하듯 때도 없이
실강이 한다

무슨 미련 그리 많다고
붙잡은 인연마다 날이 시퍼런
도끼날을 세우고
얼마 남지 않는 생이란 걸 알면서도
또 지랄한다

애꿎은 목숨 하나
생의 길목에서 서성거린다

지금, 여기

꽃밭에 풀을 뽑고 있는데
난데없이 뻐꾸기 울음소리 들린다
산에, 그것도 깊은 골짜기에 있어야 할
저놈이 무슨 일일까

낯달맞이꽃, 찔레꽃, 땅나리, 매발톱꽃
꽃의 향연 속, 흩어져버린 기억들이
주섬주섬 저들끼리 어우러져
작은 노랫소리 들린다

아음속에 담아두었던 설움 덩이
불쑥 올라와 손 내밀고
아픈 상처들이 남긴 옹이 터
비집고 올라온 몇 가지 또 어우러져
망울망울 꽃을 피웠다

착한 언니, 고생만 한 언니
혼자 쓸쓸하게 살아가는 언니
부디 훌훌 털고 일어나
꽃들처럼 화사한 길들이 펼쳐지길...
간절한 작은 소원 하나

마중

마음인 양 온종일 비가 내리는 날
혼자 키우느라 애틋한 사랑
풍족하게 주지도 못했는데
혼자 잘 알아서 하는 작은 아들
제대하고 돈을 벌 거라며
막노동일 몇 개월

무슨 마음이 들었는지
사람은 도시에 살아야
꿈을 가질 수 있다며
하루 전 인천으로 가서
방 얻어 놓고 엄마더러 짐을 갖고 오란다
비 오는 날 날도 잘 잡았네
구시렁구시렁

겨우 찾아 도착한 곳
아들이 희미하게 웃으며 기다린다
혼자 애쓰며 세상에 한 걸음 내딛는
아들이 안쓰러워 눈길 마주치는 애처로움
애써 외면하며 걱정 반 미안함 반

비 오는 핑계 대고 서둘러 돌아선 길
백미러 뒤로 또다시
희미하게 웃고 있는 소중한 아들

마중도 배웅도
가슴이 참 시리다

극한 초보

극한 초보라는 글귀가 붙여진 자동차가
1차선으로 달린다

욱! 하는 감정 달래며
잠시, 긍정모드로 전환해본다
아내가 용기 내어 운전면허증을 취득하고
차를 샀는데 잠깐, 남편이 운전하고 있을지도 몰라
아니면 운전면허 시험공부할 때
미처 학습하지 못했나?

아무 일도 없듯이
유유히 1차선을 정복하고 달리는 자동차
이내 긍정모드는 해제되었다
도로를 전세 냈나?
추월 차선을 그것도 극한 초보가?
몇십 킬로 사이 인내는 바닥이 나고
기꺼이 추월했다

30년이 넘는 운전 경력
차선을 자유로이 넘나들며 건네는 입속말
나는 지금 당신을 지나가고 있는 중입니다
아! 이 속 좁은 여유로움

4·3의 진실

화투장을 열두 개로 나란히 편다
그 밑으로 가지런히 포개어지는 열두 개의 낱말
푸른 잎들이 앞다투어 피어오르던 계절에도
흙내 나는 비가 한바탕 지나간 대지에도
화투장의 무늬가 벗겨져 허옇게 피어오를 때까지
곰삭아 말라비틀어진 무말랭이처럼
관절로 뒤틀어진 손톱자국이 지나가는 무수한 시간

외출하지 못한 기억은
시간개념의 흐름을 멈추어 버렸다
내리 딸만 넷을 낳은 초라한 문패에
간신히 이름 석 자 새긴 외로운 체온
철모르게 뛰어놀다 빨갱이가 되어버린
가엾은 네 살의 영혼
그 외로운 체온 기억해 내느라 밥 먹을 시간도
배설해야 하는 시간도 잊은 채
기억 한 줌 붙들고 모두 버렸다
온종일 쏟아지는 시큰둥한 하늘도
긴 시간 숨죽이느라 아무 말이 없다

아직도 자라지 못한 그날의 기억
언제쯤이면 그 기억 오롯이 찾아
귀한 아들 땅에 고이 묻을 수 있을까

그날 1

굽이굽이 돌아온 상처마다
숭숭 구멍이 뚫려 자리가 선명하다

움푹패인 상처마다 괜찮다
괜찮다 위로하지만
아직도 가슴에 남아 있는 아픔

세월의 두께에 갇혀버린
숱한 이야기들 무성하게 자라
비수가 되어 돌아와도
아무도 아픔이라 말하지 않았다

미처 희망을 가져 볼 새도 없이
검게 타버린 저 시간들
총에 맞은 채 불에 타고
열네 살 난 소녀의 시신에는 대검이 찔렀다

누구라서 감히 그 기억의 파편들을
주워 담을 수 있으며
누구라서 감히 그 아픈 상처의 흔적을
지나간 일들이라 물을 수 있으랴

사랑은 아프지 않아도 눈물이 난다

봄은 새 인연으로 가지마다 입맞춤하고
문득, 시간의 끝자락을 잡고 있던 겨울
폭설로 마주한다
지난 시간 빚
갚느라 낙엽조차도 숨죽여 누운
아쉬움이었을까 소복이 내린다

묵은 텃밭 돌 고르며 단장한 시간
눈 속에 묻혀 가늠할 길 어렵고
창틀까지 넘나들며 무게를 더해가는 눈발
질펀히 늘어졌던 산등성이 끝, 가지런히 맞추며
염치없이 애간장을 태운다

세월을 비집고 하얗게 웃고 있는 보고픔
허허로운 마음 채울 길 없어 그저, 내리는 눈 보며
그리움에 목이 차올라 애타게 찾아 나선 길에도
죽도록 사랑했던 기억이 다시 떠올라
보고 싶은 마음 하나 무성하게 자라
3월 첫날 맞이한 고운 흔적, 눈물로 흐른다

2024년 3월

눈이 왔다

고요를 움켜쥐고 허망하다 못해
부질없는 바람길 재촉하며
밤새 휘몰아치는 걱정에도
그러다 말겠지 무심한 기다림도
자지러지듯 울어대는 길고양이
다녀간 발자국 모두 숨기고
백색의 아침이 이른 봄 눈과 함께 왔다

어찌하랴
어차피 봄 햇살 찾아오면
녹아버릴 몸짓이 아슴거려
핸드폰에 담고 웅크리고 앉아
물끄러미 눈길을 건넨다
그래 잠깐의 흔들림이었을지도
해와 달이 교감이 없었던게지

이제, 복수초 필 날 머지않았거늘
모두가 잠든 밤
맑고 다정한 마음 한 켠
오도카니 열어놓고 갔다

또 다른 나

뜨거웠던 열정은
한바탕 바람이 남기고 간 흔적을 안고
말없이 기온을 떨구어 발가벗은 채
긴 기다림으로 달궈진 질긴 이야기들은
가시처럼 지나온 세월 꾹꾹 다시 밟는다

우수수 나뭇잎 떨어지는 소리
굽이굽이 돌던 길마다 해맑은 웃음 뒤로하고
뼈 마디마디의 끊어진 신경 회로선
바람은 요란한 소리를 몰고
겨울을 재촉했다

초겨울 새벽 칼바람 다독이며
어느새 찾아와 덩그러니 놓여있는
희미한 햇살 한 줌
산다는 건 계절을 무수히 이겨내어
새봄을 맞이해야 하는 것처럼
희망을 가져야 한다는 것
그리하여 이 계절 추운 바람 속에서도
왁자지껄 단풍을 떠들며
국화잎 속살향기 불사르듯 웃음을 뱉어낸다

세상의 모든 것들과
눈 맞추며 의미를 선물한다

바다를 떠나오다

너무 불공평했다
세상과 친화되지 못한 피붙이
혼자 겨우 연명하던 삶에
암이란 몹쓸 것이 찾아왔고
항암 여덟 번, 수술 후 방사선 치료
기나긴 여정이 기다리고 한 달을 기다려 마주한 시간

항암 한 번 받고 포기하고 말았다
세상을 포기할 때 면역력도 사라진 것일까
지난 세월 18평짜리 아파트도 넓게 보였던 초라한 삶

아무리 둘러보아도 해답이 없는 길
이제 가면 언제 다시 볼 수 있을까

제주에서 진도 가는 바닷길
창가에 자리하고 망망대해 바다를 본다
설움 덩이 하나 물컹 올라와 목울대를 적신다
이 바다를 건너면 소금물에 푹 절여져
바글바글 삶아 묵은 때 쭉 빠진 맑은 행주처럼
모든 것이 말짱 거짓말이었으면 좋겠다

너에게 10

늦가을
가득 가방에 담아
가을 산 우려내어 겨울 맞이하여
순백의 세상이 찾아오던 날

기억의 숲 보듬어
늘 꺼내 볼 수 있도록
마음 다하여 가꾸고 다듬어
소중한 이야기로 가득 채우리다

풍족함이 아니더라도
모자라지 않게
정성스레 가꾸어
늘 그 자리에 두겠습니다

당신은
그로 인해 늘 행복하소서
그리움 가득한 설레는 마음으로
늘 소중한 날이 되소서

너에게 11

오만을 다스려 잠재웠던
가슴 한켠에 응어리진 삶의 무게
버거운 세상살이 돌고 돌아

꽃다운 청춘엔 무얼 했는지
불타오르는 열정은 어디에 쏟았는지
이제, 마른 쭉정이가 되어
너에게로 간다

가슴 뛰고 다시 설레는 마음은
노란 산수유 꽃망울처럼
툭! 터져 나올 것만 같은데

어여쁜 손끝으로 어루만지며
소담스레 들꽃 길을 함께 걷고 싶은데
자꾸만 작아지는 몸짓은
오늘도 부끄러워

마음 다하여
행복하다 말하지 못하지만
소중한 만남이라고
귓속이 간지럽도록
소곤소곤 말하여 줄래요

나이

거울 안에 있는 눈가 주름이 유난히
선명하다

첫서리가 지나간 화단
노란색 메리골드도 빨간 맨드라미도
주황색 황화 코스모스도
보랏빛 천일홍도, 색깔이 변했다

진즉 관심을 보였어야 했는데
뭘 했지
바람결이 지나는 것도 모르고
땅의 기운도 못 느꼈던 거야

삶이 가져다준 바쁜 일상
숙제하듯 아등바등 거리는 사이
계절이 몇 번이나 바뀌어 버린걸
기다리지 못한 주름살이
이야기를 하고 있었어

문득
너 뭐 하고 있는 거야
나 뭐 했지

아직도 살아있음에 고마움이야

참으로 멀게 온 길이다
어디에도 내세울 것 없는 허공의 이력들을 채우느라
무던히도 애를 쓰며 살았다

나뭇가지에 걸려도 그만이고
꽃밭에 내려앉아도 그만이었을 것을
한 줌 낙엽으로 지는 것은
오차의 한계보다도 더 정확했음인데

시냇물 들락거리는 소리 들으려 애쓰고
보름달 산봉우리에 걸린 아름다움도 보았지
간혹, 징그럽게 울어대던 새소리가 배부른 고마움이란 것도
을씨년스럽게 울던 까마귀는 언제나 늘 혼자였지

때론, 혼자인 게 적막을 뚫고 지나가는 한줄기 섬광인지도
호젓한 기억 한 줌 꺼내어 가슴 아픈 그리움 곱씹으며
다시 돌아보는 기꺼움도 있는 거야

그리움도, 아픔도, 죽도록 사랑함도 살아있음에
아직도 살아있음에 다시 와 줄 기약이겠지
고마움이야, 아침에 눈 뜨면 떠오르는 해를 볼 수 있는 것이

제3부 초화화

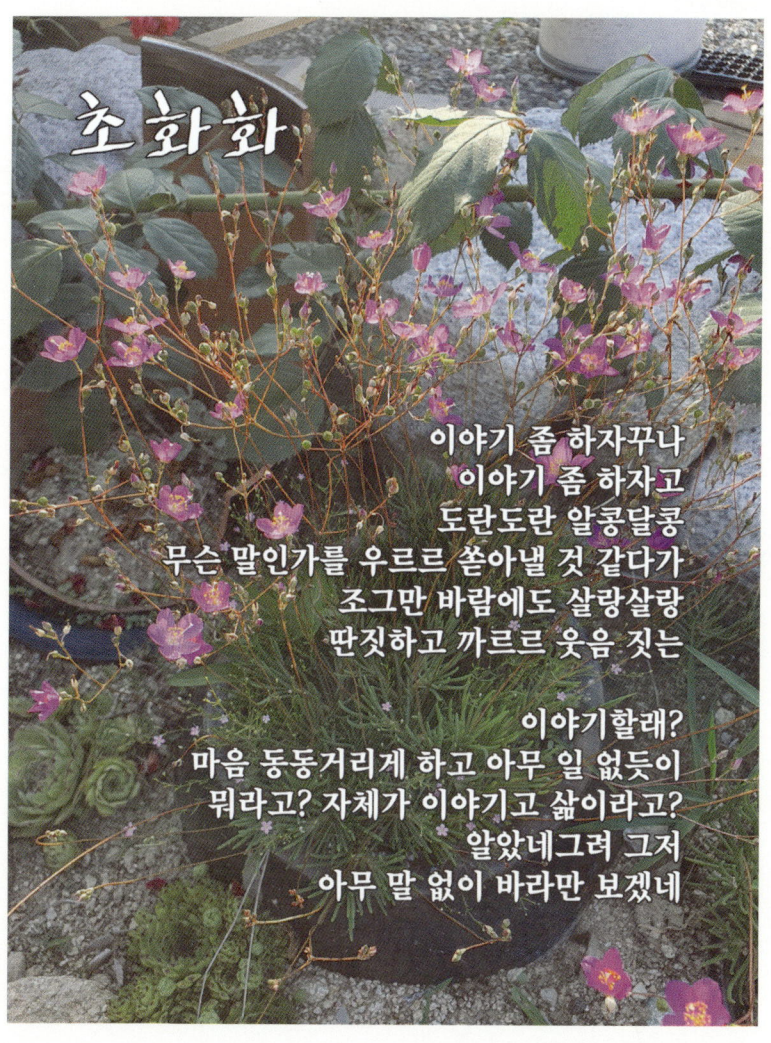

이야기 좀 하자꾸나
이야기 좀 하자고
도란도란 알콩달콩
무슨 말인가를 우르르 쏟아낼 것 같다가
조그만 바람에도 살랑살랑
딴짓하고 까르르 웃음 짓는

이야기할래?
마음 동동거리게 하고 아무 일 없듯이
뭐라고? 자체가 이야기고 삶이라고?
알았네그려 그저
아무 말 없이 바라만 보겠네

분홍찔레

머나먼 길
배 타고 천리도 넘는 길을
달려 고향에서 가져온

추운 겨울 지내고
꽃을 피웠다

걱정이 앞서 지푸라기 모아
덮어주고 기다린 시간
답답하다 소리칠 만도
숨 막히다 투정 부릴 만도 하건만
봄이 오는 자리에
예쁘게 피었다
보기만 해도 가슴 벅찬
소중한 나의 인연

다들 그렇게 살아왔겠지

매일 웃기만 했겠어
매일 슬프기만 했겠어

때론 소리 나게 웃어도 보았고
때론 술 먹고 노래방에서
목청 높여 노래는 안 불러 봤겠어

지난밤 쉽게 잠이 오지 않아 뒤척이며
돌아가신 어머니가 생각나
문득, 어린아이가 되어
보고픈 마음 가슴이 뻐근해 지기도

미운 사람은 또 없었겠냐고
소설책 한 권쯤의 사연은
다들 갖고 있지 않으려나

마음 한켠 내려놓고 욕심 내려놓고
가슴 하나 열어 보면 그거 하나
오도카니 앉아 있지 않을까

남아있는 많은 날 들을 위하여

허기진 술잔을 들며
익숙 하지 않는 추임새에 마구잡이로 털어놓고
문득 보고파 올려다본 하늘
눈부시다
이별은 늘 그렇게 눈이 부시게 다가왔지
가슴으로 아파 속앓이하면서도
하고픈 이야기 무시로 많아
똑똑 소리 내면 더 큰 단어로 돌아앉아
아무 말도 내어놓을 수 없었던 기억처럼
공허한 소리만 윙, 윙 소리 내어 울었지

익숙해져야지
이별이 한 두 번이랴, 어머니 저세상 가던 날
마흔넷의 아쉬운 청춘을 버렸던 동생이 주검을 마주하던 날
사랑하는 사람과 가슴 아픈 이별을 하고
다시는 살아질 것 같지 않아 절망을 끌어안고
한 발자국도 내디딜 수 없었던 희망

아카시아 꽃향기 흐드러지게 날리고
초록이 짙게 드리우고 꽃이 지천으로 피는 날
살아가는 것이 정떨어져 소리치고 싶은데
꽃이 만발하여, 향기가 진동하여
그 미안함에 세상은 살만한 세상이라고
그렇게 말하여보자

그립단 말도

진초록 아우성치며
지난 계절 무성히 감싸안고
발 딛는 곳마다 활짝 웃는 들꽃
그리운 이야기들은 어제보다 더 많이
잊혀져간 일들이 아닌 새로움으로 다가서는데

무시로 떨어지는 벚꽃의 세레나데를 밟으며
꾹꾹 그리움 찍어보는 시간
내게도 열정을 다했던 사랑이 있었던가
허허로움의 눈물겨운 마음 달래느라
채워지지 않는 날들은 늘 배가 고팠지

그리하여
때론 아픔으로 다가오는 시간도
때론 기쁨으로 다가오는 시간도
내 아픔이 아닌 양 기쁨조차도 오롯이
내 몫으로 갖지 못했던 지난 시간

또 하나의 나에게 미안하여
차마 그립단 말도 내어놓을 수 없어
마음 다하여 그렇게 잊혀져간 일들로 곱씹어본다.

문득

여행하고 싶다
아직 정년이 남아 있는데 백수가 되었다
자잘한 손길 기다리는 집안 구석구석
쉬는 김에 널브러진 생활 친구하며
아직 꽃도 피지 않았는데 따사로운 햇살

걷는 건 잼병이라 차를 타고 가다
가다 고즈넉한 찻집 만나 외로운 차를 마시고
아무도 걷지 않는 해안 길 따라 바다 구경하며
천천히 적당한 곳에 차 세워놓고
여유롭지 않는 줄 그어진 노트에
작은 글씨로 칸에 알맞게 빼곡히 글을 쓰고 싶다
목구멍까지 차오른 사유 늘 바빠 허덕이며
그리움이 넘쳐났던 나의 한쪽
비릿한 바다내음 양념하여
짭조름한 감칠맛 나는 그 외로움 꺼내고 싶다

그해 여름

무더운 더위가 정떨어지게 징그럽던 날
다시는 오지 않을 것 같았던 감정이
멀미하듯 느물 느물 다가왔지
이래도 되는 걸까? 장마가 온다했는데
눅눅한 시간을 몰고 온 바람이 먼저 와 있었지
때론 먹먹한 가슴이
슬쩍 지나가는 바람결을 흔들어
다시, 느를거리는 멀미는 고개를 쳐들고
장맛비 마중 나서며
바람 출렁이는 소리에 혼자 중얼거렸지
아무것도 바라지 않아, 그냥 단 하루만이라도
우렁각시 나타나
잠에 취해 있는 나를 흔들어 깨워
덜깨인 코끝에 지독한 메리골드 차향을 내밀며
혹은 한양품 가득 비벼놓은 비빔밥 한입 떠주면
참 좋겠다고

또다시, 지독한 여름은
장맛비 맞을 심술에
느물 느물 멀미를 일으켰지.

침묵 속의 방

숨소리 길게 거칠다
죽은 시화가 잠자고 있는 방
액자 유리 빛이
가로등 비쳐 속살 가리어 하얗다
빛의 굴절이 여자의 눈빛과 마주친다
이글거리는 태양빛 한줄기 잡아 부딪히는
눈발이 튕겨져 나간 침묵
어두컴컴한 속도를 따라
천천히 움직인다
마음 들키지 않으려 꽁꽁 동여맨 자락이
차갑게 내려앉는다
손끝으로 전해오는 절망
모든 희망이 떨어져 나간 매듭이 단단하다
침착한 흐름이 시간을 멈추는 사이
늙은 들짐승 한 마리 컹컹 짖어대는, 소리
침묵 속에 갇혀서만이 볼 수 있는
또 하나의 오차

나는 지금 나를 찾는 중이다

철 지난 것들이 생각난다
집 오르는 언덕에서 샘물이 나온단다
물은 흐르다 멈추고 멈추다 얼었다
열목어 열기가 한창인 축제장엔 열목어가 없었다
누구 하나 열목어가 없어도 상관하지 않았다
열목어가 살고 있다는 강 속은 침침하게 드리우고
그 위를 달리는 스케이트
완전 무장한 발밑에서 이리저리 흔들리는
딱딱한 얼음축구공
간간이 걸려 나오는 낚시대의 피라미들
동네 노인정에서는 눈이 왔다고 할머니들 여럿 모여
부침개 부쳐가며 옛날이야기 소설로 풀어내고
집 모퉁이 돌아 *도리안 가는 길 적막해 다행이다
추위에 못 이겨 길을 덮어버린 얼음판이 된 샘물
괭이로 찍어내어 잘게 부숴 길 한쪽으로 밀어내고
힘겨운 오르막길 터벅터벅 올라와 이불 속에 누웠다
며칠이 주마등처럼 스쳐지난다
가슴앓이했던 지난 며칠 이불속에 같이 누웠다
나는 지금 나를 찾고있는 중이다

* 도리안 : 인제군에 있는 장례식장

봄이 가버렸어

벚꽃이 다 떨어지고 말았다
뭘 했지?
그래, 산불이 나서 잠시
그 시름에 젖어 고뇌하고
어르신이 세 분이나 돌아가셨지

아침에 일어나 낯선 새 몇 마리
텃밭 모퉁이 방문하고 눈 마주치기도 전
날아가는 것을 보며
잠시, 괘씸하다 여겼지만 그래도
참을만 했어

간혹 제비꽃 알싸하게 코끝을 스쳤지만
그냥 오는 거라고 생각했나봐

반기며 웃는 작은 몸짓
눈 마주치자 나 여기 있노라고
수줍게 건넨 소리를

잠깐 한눈판 사이
눈치채지 못했던 거야

정월 초하루

외로움에 길들여진 나는
서둘러 집으로 돌아왔다
넉넉하게 준비해 놓은 개 한 마리
추운 날씨에 얼어 터질 수돗물 걱정 앞세워
바쁜 듯이 돌아왔다

육지에 나와 살면서
아버지 돌아가시던 때를 빼곤
닷새라는 긴 여정으로 고향을 다녀온 적이 없다

하룻밤 외로움에 익숙해지기도 전에
밤새 내린 눈은 정월 초하룻날 이른 새벽부터
집으로 올라오는 눈길 치우고 배가 고파 밥을 먹는다
일하지 않고 놀기만 하면 배도 고프지 않을 줄 알았다
하루 밥 세 끼 다 먹으면 돼지가 될 줄 알았다
그런 어이없는 일은 전혀 일어나지 않았고
외로움인 줄도 모르고 지낸 십수 년이
이미 익숙해져, 눈 치우는 짧은 시간에
오늘이 명절인 줄도 눈치채지 못했다

눈길 마주한 달력이 심장으로 들어와
서러움을 토해내고서야 정신이 번쩍 들었다.

흔적, 남아 있는 것들에 대하여

소나기 한줄기 쏟아진다
강가 즐비하게 늘어진 텐트
물은 메말라 레프팅 보트들이 떠 있는 비좁은 강
구명조끼 두툼한 옷깃 너머, 검게 태운 살결
한여름 의미 깊게 보낸 시간을 부추겨 종횡무진
레프팅 종착지 아스팔트 위엔 이글거리는 태양보다
더 깊숙한 슬리퍼 발자국의 무수한 언어들

휑하니 빠져나간 빈 겨울

한 계절 더위 먹은 강은 냉정하게 얼음을 밀어 올리고
아무에게도 마음을 내주지 않았다
이미 도시로 떠난 금고 주인의 숨소리를 애써
기억하려, 거슬러 오르려는 욕망조차 꿈꾸지 못하고
졸 졸졸 숨죽여 흐를 뿐이었다
어김없이 계절이 되면 찾아와 줄 그 화려했던
먼 기억들 회상이라도 하듯

저 무수한 언어들은 한 계절
아름다웠던 순간을 문득문득 꺼내어 바라볼까
한 계절 두둑한 주머니는 닫힌 겨울을 힘차게
밀어 올릴 수 있을까, 언제까지
검은 발자국들이 남기고 간 저 상처들은
새봄을 기약할 수 있을까

겨울 창문 너머 햇살 따사롭다

멍하니 어두운 창밖을 본다
멀리 가로등이 보이고 간간이 오가는 차들
아무 쓸모 없는 일인 줄 알지만
익숙하지 않는 불빛임이 분명하건만
동공은 라이트 불빛을 따라 서서히 움직인다

막연한 그리움, 억새 풀 쓰러진 풀잎 위로
겨울 햇살 서걱거리고
간간이 불어주는 헐거운 바람
이대로 쓰러져 다시는 일어서고 싶지 않다
화려한 봄을 맞이하는 것도
다시 가을을 맞아 쓰러져야 하는 겨울도

이미 시위를 떠난 화살의 과녁은 생각하지 말자
서걱거리는 통증은 누구의 탓도 아닐 것이다
겨울바람이 차갑게 불어오는 이유도
장미의 가시가 돋아나는 이유도 우린 묻지 않는다
창문 너머 오동나무 가지가 세차게 흔들린다
지난 밤 바람이 아니다
봄이 오는 소리인가?

이력서

지나온 삶을 빼곡히 썼다
아닌 것 같아 지우고 또 아닌 것 같아
다시, 지워진 지문 위를 덧칠한다

마음인 양 서글픈 3월의 눈
인적없는 산골의 초가 위에 내린 하모니카 선율
구슬픈 가락은 배나무 가지에 흰빛을 더해가고
길 위에 떨어진 눈, 봄의 온도에 하늘길 오른다

다시, 그칠 것 같지 않은 3월의 눈을 바라본다
시간을 먹으며 마지막인 양 두께를 더해가고
지워진 지문을 바르고 닦고 문지르며
뺄 것은 빼고 간결하게 머릿속은 주문을 외우는데
손가락은 분주했다

하늘엔 진눈깨비 바람에 대롱대롱 매달려
계절을 조롱하고 자존심의 신작로엔
하늘길 오르다 만 질척이는 파편들
눈살 찌푸리는 오만의 언어들
목구멍으로 애써 삼키며
다시 이력서를 수정한다

가을

또다시 허무가 찾아온다
분명 지독한 먼지투성이던 방문을
닫은 지 오래인데
곰팡이 가득한 추억이 그립다
꽃들은 휴지처럼 꽃잎을 구기고
나는 위험한 습관을 구지기 못한다
가을 의미를 제대로 음미한 적이 있던가
씨방 하나 없는 가슴에
거친 어둠을 들고
내 마음의 정거장에 서 있다
허무하다
주위는 고요하고 빈 의자에 홀로 앉아
시간을 복습해 본다
죽음 여행에 필요한 가방을 꾸리던
일상과 은밀한 성욕이
목책 가득 허무한 시간만 만난다
가슴을 덥히던 등 점 마저 가지가
앙상하다
바람 끝에 세워 두었던 열정이
굳게 결의한 열정이

아직도 내 쪽에 있는지
쉽게 대답할 수 없다

새싹만 봄을 맞이하는 건 아니다

얼음이 채 녹아내리기 전 간혹
미끄러지는 산등성이를 의지하고 단단히
다리의 버팀목으로 서 있어야 한다
마땅한 나무를 골라
이를테면 나무가 베어져 쓰러지는 곳엔
걸리적거리는 게 없어야 한다
나뭇가지들이 서로 엉켜 넘어지기를
방해받으면 낭패다 대롱대롱
나뭇가지에 매달려 큰 덩치가 손을 쓸 수가 없다
굵기도 마땅한 것에 들어간다
양손 가운데 손가락과 엄지손가락을 마주하고
딱 맞게 들어오거나 조금 넘치거나 모자라면 된다
그 마땅한 곳을 골라 산등성이 아래쪽부터
삼분의 일을 톱질하고 나머지를 위족에서 마저 자르면
큰 나무는 쩌억 쩌억 몇 번인가
짧은 신음소리를 내뱉고 넘어진다

그렇게 잠깐의 혼돈은
윙 윙 기계음이 소리 내며 몸살을 헤집고 들어오는데도
아무런 의구심도 없이 물오른 기억들을
툭 툭 매질을 당할 때마다
소스라치게 놀라 숨이 멎을석 같은 꿈을
나무결들 모아 포자로 무장한 것에
숨을 불어 넣는다 봄이 오는 계절이면

낮게 깔린 황사, 맑은 하늘을 보고 싶다 1

4月은 잔인한 달이다
정말 4月은 잔인했는가?

그 해 4月은 절망을 머금고
그리움의 언덕을 넘으며 눈물 흘렸다
눈물은 내려 언덕을 따라 시냇가의
입 벌린 포구 같은 갯벌로 스미고
가재의 부화는 숨 막힌 여가리의 잔돌 밑에서
흡입 내지는 영양 섭취라는 미명 아래
디스토마도 같이 크고 있었다

거기엔 눈물의 저수지가 있고
눈물을 먹고 사는 빨간 빛을 가진 물고기
꼬리는 한을 달래며 은빛의 고깃덩어리를 물고
소화불량의 고통은 약국의 문을 습관처럼 두드렸다
말을 아껴야 했고 숨죽여 봄을 기다리며
몇 번의 계절을 견뎌야만 했다
무디어진 삶의 시간 속에
살아내는 삶에서 건져 올려야 할 것들

진정 봄은 올 수 있을 것인가?

낮게 깔린 황사, 맑은 하늘을 보고 싶다 2

뿌연 하늘은 항상 찌푸린 눈으로 눈물을 흘리고
눈물은 앞산 계곡을 따라 해빙의 물줄기처럼
4月이면 방랑의 배낭을 메고 역마살의 기로에서 좌우를
살폈었다

아지랑이 타오르는 나른한 오후
하늘엔 검버섯처럼 오래 바람에 대롱대롱 매달려
계절을 조롱했고 자존심의 신작로엔 달구지 옆을
세모시가 모래바람을 싣고 하늘을 날고 있었다

그때가 바로 4月 어느 몹시도 맑은 하늘
그 하늘에 나는 작으마한 포기와
또 다른 목적의 즐거움에 허덕이는
종이 새를 접어 날리기 시작했다.

밤하늘의 모빌

무엇이 공허한 밤하늘에 모빌 되어
연약한 진동에도 흔들리는가?
너는 멤피스 블루스 기하학 각주로 균형 잡는
파괴된 형식에 공간의 의미를 부여하겠는가?
너를 위해 나는 기호학의 떠도는 대비와 대비 끝에
글 읽기가 있다면 은빛 하늘의 붉은 혀끝에서
조잘대는 또 다른 나를 바라는 언약의 시작

간밤 캔맥주와 마셔버린 텅 빈 이별은 구겨지고
진실한 일문의 해답은 이불 속에서 나온다
깊은 수렁에 빛을 잃고
흰옷에 묻은 얼룩 같은 모습에
세상의 재미는 더러워진다
나보다 먼저 이런 밤을 살았던 사람들처럼
참을 수 없는 존재의 슬픔
이 밤 쓸쓸한 음악이 페이드아웃으로 끝나는
소리에 귀를 자른 반고흐 자화상이 외롭다.

건조주의보

1.
겨울은 벽돌보다 단단한 내부에 메마른 바람을 가득 채워 동네를 찾아온다

2.
몹시 술 취한 그는 어디로 가는 것인가? 그는 페인트 공이다. 옷에 굳어 있는 얼룩 달록한 건조된 어둠의 딱딱한 덩어리를 보면 알 수 있다. 가끔 달리는 자동차 옆으로 자전거를 타고 간다. 별빛은 바람이 된다. 그를 붙잡는 검은 예감 은빛 하늘에 얼굴을 두고 죽어버린 영혼이 어둠의 통로를 빠져나간 곳으로 가는 것은 아닌지 흰 국화, 검은 그림자 피어있는 새벽 2時 어두운 시간을 보리라 동네는 잠을 잔다

술 취한 그를 감춰버린 은빛 하늘에 들어본 적 없는 이름이 새겨진 둥둥 떠다니는 비목들, 희미한 별 그는 그림자도 죽어 상여 나간 그 길을 가고 있는 것이다.

3.

얼마 전 죽은 당구장 주인, 폐렴에 찌든 그가 버린 연탄 재처럼, 하얀 공에 겨누던 변화의 각들, 같은 하루는 없듯, 잘못 계산된 직각의 끝에 멈춘 큐대 길이, 고통은 늘 녹색 천에 앉은 분가루를 닦아 보았겠지만 마찰 정전기 불빛은 희망으로 빛나지 않았고 그 길을 지났다. 절망의 옷을 벗으며 정전기에 움찔 놀란 메마른 대지 건조한 공기를 누구나 마시리라.

4.

동네에서 오래 산 사람은 3명이 죽는다는 두려움을 알고 있다. 건조한 기류에 이끌린 대지의 발화에 관솔이 탄다.

비의 변주 1

불 켜진 계단에 걸린 거울을 본 적 있는가?
시계 속에 걸린 거울을 본 적 있는가?
술잔에 떠 있는 거울에서 비틀거리는 자신을 본 적 있는가?
새벽의 공허에 달린 거울을 본 적 있는가?
블랙커피 혹은 설탕 프림 탄 잔 속에서 본 적 있는가?
세수 직전 대야에 뜬 거울 속에서 본 적 있는가?
가로등이 가지고 있는 거울 속에서 본 적 있는가?
이발소 미장원의 거울 속에서 자신을 본 적 있는가?
계절의 어느 부분에서 그런 거울을 본 적 있는가?

봄, 여름, 가을, 겨울 나름의 색깔에 의미를 부여하는
그런 거울 나르시스의 거울을 본 적이 있는가?
거울은 또 다른 모습의 자신을 가지고 때론 많은 것을 숨긴다
일부러 힘든 자신을 보며 독백처럼 이야길 한다.
그곳에 열거한 낱말들이 스스로 자리를 잡아
언어로써 비망록같이 일기를 쓴다

거울이란 양면성의 혼돈과 일관성의 탐닉만을 구하면서
악어의 눈물같이 늘 변할 수 없는 의미만을 가지며
누구나 거울을 본다
비 오는 연못에서 우리는 거울을 본 적 있는가?

비의 변주 2

예감이라도 한 것처럼
눈물도 흘리지 않고 네온으로 빨려 들어갔다
왜 이토록 모든 것은 정체 내지는 사라지는가?
단음의 높이는 연장의 오선 줄 위에서
얼마든지 변주의 악보를 만들건만
사라지는 모든 것엔 단음이 없을까?

단음은 있다
단음의 변주를 위한 화성법의 미비한 끝
세로줄 위에서 알지 못하고
페이드아웃으로 끝날 뿐이다.
죽음의 푸가도 이렇게 끝난다.
형광의 불빛 아래 무수한 변주의 생각이 있다.
갑자기 백일홍과 수선화의 탄생 설화는
옛날이야기의 기억처럼 잠에서 깨웠다.
사랑, 그것은 기다림이었다
기다림 또한 변주의 모습으로 백일 간의 비를 맞으며
눈물 흘리는 꽃망울을 퍼트리는가?

기다림의 애타는 자기 생각으로
백일 간의 비속에 시를 쓰는가?
기다림의 변주는 부정과 긍정의 극간 곳에서
또 오늘을 힘들어하는가?
기다림의 지워지는 하루는 마냥
오직 한 가지만을 생각한다
그것은 늘 항상 그렇게 영원히
기다리는 사람과 함께 있는 것이다.

제4부 보랏빛창포

보랏빛창포

아직 꽃으로 물들지 않은 화단
가녀린 꽃대궁 내밀고
눈길 사로잡아
마음 설레게 하더니
언제 그랬냐는 듯
지고 마는
야속한 벗이여

세상의 그리움은
너로 하여금 물들고
너로 하여금
사랑은 다시 태어나리
기다림의
긴 시간 묻어놓고
보랏빛 그 몸짓에 취해
기쁨은
어느 날 문득
오게 될꺼야

동자꽃

어여쁜 것이
아기처럼 조잘거린다
다 알지도 못하는 언어로
무수히 쏟아낸다
잘도 조잘거린다

덩달아 디분이 좋아진다
하늘만큼 뛰어올라
까르르 목젖이 보이도록
웃고 싶구나

그래, 때때로 삶의 시름
조금만 내려놓으련다

부두 노동자

술집 구석에 앉아서 술잔을 노려본다
그는 작업장의 기둥처럼 툭 불거진 모자를
도금한 이마에 깊이 눌러쓰고 있다
사악한 입술에 떠도는 말

저 주먹은 천주교를 향해 해머를 날리곤 했지
아 그래, 그런 일은 또 다시 일어날 수 있어
흑맥주의 멋스러운 술잔 옆에서
그가 걸치고 있는 로마식 옷깃이 웃고 있다

모세의 율법이 대못처럼 강타한다
하느님은 올바른 판단을 내리는 현장 감독
공장의 가동을 알리는 나팔은 부활의 노래를 부르겠지

고요한 정적에 익숙한 그는 켈트족 십자가처럼
단단하고 무뚝뚝한 표정으로 안락의자에 앉아 있다
오늘 밤에 그의 아내와 아이들은 문을 마구 두드리는
소리와 담배 기침 소리에 조용히 숨을 죽일 것이다.

거리

다시 쓰게 되는 딜레마
거리라는 무한성에 한 번쯤 뒷걸음으로 지나친 거리를 봤던 적이 있다
여전히 거리는 거리였다.
사람, 자동차가 지나고 우리가 선택한 옷을 입고 목적지를 향하는
저들 중에 나 같은 생각을 하는 사람이 있다면(인생은 낙이 없다)
나 또한 그냥 함몰되는 인파의 낙진이리라

누구나 오늘分에 주어진 행적이 같진 않겠지만
노동을 해야함과 말아야 함을 가지고 오랫동안 무작정 걸어가는
거리에도 주소는 있는가?
거리는 외롭다
거리는 무섭다
움직이지 않은 거리
거리를 수학적 사고로도 풀 수 없는
각자 다른 축을 지닌 선에서 계산된다는 것을

거리,
기억이 영수증처럼 출처가 확인된
수표의 이서였다
어제와 환산된 아픔을 굴리는 동전이 저만큼 굴러간다
억센 거리 돌부리에 어느 면인지 불확실하게 누우리라
땅과 하늘을 보며.

이별 연습

또다시 나는 실수를 했다
커다란 믿음이 착각임을 잊으려 했었지
생각의 반응은 지쳐 있었고
희망을 믿으려 새벽이면
형광등 스위치를 올리고 견고한 상상을 했어
그러나 불안한 내 속에 갇힌 나는
결과를 예측할 수 있었지
헛된 믿음이 움직인 날들은 불현듯
낱장의 요일을 뜯어내며 버려졌지
헛된 믿음은 언제나 거짓말투성이
선택의 주도권은 각자 믿음 안에서 권리를
가질 수 있듯
밀가루처럼 흩어지는 알 수 없는 추억들은
미세하게 없어지겠지
마주 보던 눈빛에 어떤 의심도 없었기에
어리석은 믿음
묻지마라 몇 개 책임처럼 물어오는 답변이
얼마나 거짓말이고 시멘트보다 건조한지
오래전 읽은 책 줄거리가 기억나지 않듯
나의 기억이 되지 않으리라

떠나가는 방식이 다르고 남겨지는 방식이
다를 뿐, 이별
가만히 생각해 보면 그리 슬픈 일도 아니지
이제는 각자 제 옷을 입고 거리를
보행하는 일만 남았지

신 뻬레그리노스

그는 시를 쓴다
밤이면 그를 태우지 않았던 빈 차들 커텐 친 하늘에 주차한다
낮은 구름 내려와 그의 방황을 목격하고
막차와 첫차가 등비빈 터미널 부근을 배회한다
언제든 떠날 수 있다는 그는 서너 해째 정착했지만
그와 친한 사람은 문방구 주인뿐이다
그는 볼펜심을 따라 아침과 저녁을 오가기만 한다
언어의 쌀로 밥을 짓고 파지로 반찬을 만들어 먹다
어떤 날은 같은 반찬을 먹어 소화불량에
원고지로 만든 상을 걷어차고 난 뒤
먼지 쌓인 원고지 더미에 굴을 파기 시작했다

광부 생활을 한 덕에 능숙하게 파 들어간 막장
선로 역시 볼펜심이 지난 흔적이 있다
그런데 그가 겁에 질려 뛰어나온다
그의 뒤에 빠른 속도로 화차에 가득 불꽃이 타오르며
지나는 곳은 재로 변하는 것이었다
애당초 굴을 파기 시작한 이유는
아직도 퍼 담아야 할 숨겨진 석탄을 찾는 일이었다

굴 안에 활 활 타며 소각되는 선로와
달려 나오는 화차를 향해 다시 굴속으로 들어간다

매미가 울고 고목은 하루를 보낸다
터미널엔 당일에 유효한 차표가 순서를 기다린다
그를 알지 못하는 사람들은 승차한다
그도 승차하며 하차하는 사내와 부딪친다
바닥에 떨어진 책을 주워 든 그가 뒤를 돌아보자
사내는 오래전 그어 놓은 선을 따라 걷는다
사내가 보이지 않을 때까지 응시한다
사내의 손에 들려져 있던 책은 까뮈의 이방인
의자를 뒤로 젖히며 눈을 감는다
하늘은 차가 떠난다 탄광이 멀어진다.

나는 이렇게 산다

'언제 밥 먹어요?'
금방 밥 먹고 돌아섰는데
언제 밥 먹느냐고 물어보는 어르신

'어르신
금방 밥 먹었잖아요
이제 밥하고 있어요
지금 뜸 들이고 있어요'
열 번이고 스무번이고
똑같은 대답을 골라서 한다

'애들 운동회 가야 하는데...'
'지금 비가 와요
30분만 기다리셔요
예쁘게 단장하고 계셔요'
당연히 예쁘게 단장하느라
운동회는 까맣게 잊어버릴 어르신

출근할 때마다 가방 가득 넣었던
인내심은 바닥이 나고
먼 훗날일지 어쩌면 나의 모습을
보고 있는 것인지도 모른다는 생각이 들 때쯤이면
가끔은 꽃차를 마주하고 마음 달래고
아주 가끔은 차를 운전하고
산수(山水)와 벗하고 온다.

치매 1

'한 달이 좀 넘었나?'
'이 사람아 한 달이 뭐야 4년째지'
'에이, 말도 안 되는 소리'

열아홉에 시집온 날부터
야채가게 해서 번 돈
폼나게 써 보지도 못했는데
큰아들 사업밑천으로 다 들어가 버리고
4년 전 조그만 빌라로 이사와
지낸 세월 하루가 다르게
변해가는 할머니

어젯밤에도 새벽 한 시에
머리 감고 밥 달라는걸
내일 목욕차 오는 날이라고
간신히 말렸다며 긴 한숨이 나온다

'어지간해야 염색을 하지'
할아버지와 나누던 대화
그새 깜빡했는지 또 딴소리다
하얗게 센 머리가 곱다 말하여 주니
4년을 한 달이라 우기던 할머니
백발처럼 하얗게 웃고 있다

치매 2

아름드리 은행나무
노란 옷 벗어내고
앙상하게 가지만 남았다

'누나,
누나, 나 좀 도와줘
집 나간 애들 엄마 찾으러 가야 해'
요양보호사를 애타게 찾는 어르신

팔십 넘은 나이는 스물여덟 살로
언제나 계절은 아내가 아이를 버리고 갔던
가을 운동회 날이고
허기진 배는 때를 잊어버렸다

'어르신
이렇게 눈이 많이 왔는데 어디 가시려구요'
'누나, 나 배고파 밥 줘'
엉뚱한 대답으로 아픔을 알린다

무슨 운명의 장난이랴
며느리를 이쁜이라고 부르며
백 마리 소를 키우던
호인이셨던 지난날

오른쪽 손가락은 굳어 펴지지 않고
왼쪽 손가락 두 개만 숟가락을 잡는다
뇌졸중에 치매까지 덤으로 얹어진 몸
침대에서 내려오는 것은 희망이고
애지중지 키운 아들은 먼 기억 속에 있다.

치매 3

'용케도 살아왔지
사연 많은 목숨줄 붙잡고
징그럽게도 살았어'

그래도 먼 기억은 놓지 않고
생의 끝에 외줄로 매달려
매일 인 듯 곱씹으며
탯줄 인연은 놓지 않으려는 듯
얼굴 마주하면 몇 번이고
물어봤지, 성이 뭐냐고

처음인 양
하루에도 몇 번씩 똑같은 대답 해주고
처음인 양 천연덕스럽게 웃음 짓는

그러다 먼 산 바라보는 기억
신음하듯 분노를 삭이는 쓸쓸한 모습
돌아온 기억은
원망인 듯 아쉬움인 듯

혼잣말로 쓴웃음 지으며 중얼거렸지
'용케도 살았어, 징그럽게도 살았어'

치매 4

심술궂게 구름 한 점 없는 6월의 맑은 어느 날
'비가 와 얼른 장독대 항아리 뚜껑 덮어야 하는데'
'어르신, 오늘 날씨 좋고요 해가 중천에 떴어요'
'그래, 우리 며느리 어디 갔지?
아침 먹어야 하는데'
'아침 일찍 밥 먹고 방앗간 갔어요'

대화가 되거나 말거나
했던 이야기 하고 또 하고
아침부터 저녁까지 쉬지도 않고
소원인 양 딸 찾고 며느리 찾고
아들 찾다 내가 왜 여기 있느냐는 어르신

'그렇게 별나게 산 것도 아닌데
왜 이렇게 됐는지 몰라
이렇게 다리가 아픈데도
죽지 않는 걸 보면
죽을 때가 되면 얼마나 아플까
지은 죄가 많나 봐
이렇게 몹쓸 병에 걸린 걸 보면'

회한으로 고개를 떨구는 어르신
지금, 말짱하다

그따구 말짱 집어놓고 끓였어

한 달에 두 번 천재지변이 없는 한
꼭 만나는 할머니

며칠 전만 해도 부축하면 어렵게
휠체어에 오르고 목욕차에 갔는데
자꾸만 기저귀를 뜯어놓는단다

치매 있어 이젠 밤낮을 함께 하는
옆지기도 못 알아본다
할아버지 먹이려고 끓였는데
싫다잖아 정성 들여 끓였구만

대추 향을 가득 품고 쌉쌀한
맛을 남기며 목구멍으로 넘기니
오가피 냄새도 나도 야릇한 산 중턱의
오묘한 감칠맛이 오장을 건드려
할머니의 구수한 입담에 머문다

'누가 도라지 말린 것을 한 봉지 가져왔어
집에 있는 대추 다섯 박 될걸
오가피, 잔대, 더덕, 뭐 그따구
말짱 다 집어놓고 끓였어'
할머니의 거친 말솜씨 덤으로 얹어져
기막힌 맛이 감칠나다

코로나19 - 고구마

출근하는 길 붙잡고
'우리 며느리 언제 와?'
'코로나 때문에 아무도 못 와요'

귀가 들리지 않는 어르신께
손짓 발 짓 해가며
큰소리로 한 글자씩 애써 전달해 본다

'그래 고구마를 캐면
안 나오는 것도 있어.'
젊어서 고생했던 밭 일거리
꺼내놓으며 딴소리다

당신 듣고 싶은 것만 들으려 하는 어르신
'그래요, 고구마를 캐면 더러
알맹이가 안 나오는 것도 있어요'
서로 바라보며 큰소리로 웃는다

돌아서며 다시 웃는 작은 미소
그래서 우리들만 아는 언어로 또 대화했다
남이야 알아주거나 말거나
그렇게 또 하루를 시작한다.

코로나19 - 출구

출근하고 조회하기 전 체온체크
직원 중 한 명이 38.8도 요양원이 발칵 뒤집혔다

간호사와 함께 선별진료소로 보내고
물이 줄줄 흐르도록 소독을 하였다

그리고 질기고 질긴 하룻밤
한숨의 잠도 허락하지 않는 밤을 새우고
기다린 연락, 양성입니다

앞마당에 선별진료소를 설치하고
동네 사람들이 보거나 말거나
죄인처럼 줄을 서서 검사를 받는다

그리고 또 질기고 질긴 하룻밤
세 명이 확진자가 또 나오고
남겨진 사람은 모두 집단자가 격리에 들어갔다

어디로 가야 하는가?
닫힌 세상에 하나뿐인 입구
막차는 발차를 서두르고
입석 지정석 표에 아무런 번호가 없다

어쨌든 종착역에 닿겠지만
표 한 장 움켜쥔 손바닥에
소망의 끝이 있다면
다음 날 첫 차인들 어떠랴.

코로나 19 - 하루

집단 자가 격리 10일째
검사 세 번과 질기고 긴 밤이 세 번
다행히 이번에도 음성
이제 한 번 더 남았다

마음으로 머리로
혹독하게 치러낸 시간
궁지에 몰린 육체는 더 이상 복종하지 않았다
순식간에 찾아든 이유 들은
생각할 겨를도 돌아볼 여유도 없다

꿈인 듯 현실인 듯 정신을 놓아 버린 한나절
하기야, 이제쯤 아파해야 할 시간이었을 것이다
살아내는 것이 버거워 몸부림칠 때마다
아무런 죄의식도 없이 의지했던 수족
그저, 묵묵히 따라야 했던 시간
꼬박 반나절 잠에 맡겨 버린 체
살아있는 시간이 아니었다

힘겨웠을 그 하루가 지난 시간
부디 건강하게 추슬러 남은 시간
무디게 견뎌내길....

코로나 19 - 푸른 희망

하루치 숨 부려놓고
이불속에 드러누운 상념의 끝, 서럽다
사는 게 서럽고 살아낼 일이 서럽다

설움 덩이 하나 목구멍에 차오르고
지쳐 쓰러진 고단한 삶
내 욕심부리며 산 적 없건만
끈을 놓아주지 않는 인연의 굴레

14일째 모두 음성, 자가 격리 해제
모두 그 끈질긴 낮과 밤을 견디어내고
설움에 지쳐 시간에 지쳐
부둥켜 안을 힘조차 없어
털썩 주저앉아 울었다
엉엉 소리 내어 복받쳐 울었다

이제 수습하고 헤쳐 나가야 할 일들이 두려워
주머니에 두 손 꼭꼭 숨기고
오랜만에 당당히 집 밖을 나와
새벽 거리를 걸으며 소망한다

불확실한 미래와 꿈속에 가득 찬 푸른 희망
꿈이 동네를 흔들어 깨울 때
불편한 다리로 모퉁이에 기대서
친하지 않는 푸른 희망과 목례한다

흔하진 않지만 가끔 만나는 푸른 희망은
나를 알아본다

코로나 19 - 무질서한 언어

목숨줄을 놓고 실랑이를 벌인다
생의 마지막일지도 몰라
애원하며 울부짖었다

잘난 체하는 인간들이 쏟아놓은 언어
마치 대어라도 낚인 양
줄줄이 엮어 무자비하게 난도질한다

그 두려운 언어
동일집단격리라는 다른 이름 속에
모두 몸을 사리고 선량한 백성은 숨어버린
<코트격리>
세균덩어리 취급받으며
목구멍으로 차오른 무식덩어리를 차마 내뱉지 못한다

몸속의 노폐물을 제거해 주고
체내 수분과 염분의 양, 전해질, 산, 염기
균형을 조절해 주는 신장
그 기능을 잃어 투석을 받아야 하는데
코트격리란 잘난 단어는 발을 묶어놓았다

지면을 선택받은 잘난 인간의
무질서한 언어가 또 선량한 백성을
난도질한다

어르신 운전 중

날씨가 오락가락
더위가 기승을 부리던 지난 며칠
폭염이라는 거대한 명분을 내세워
옴짝달싹 못 하게 만들었다

배추를 2만 주 신청해 놓고
심을 날만 기다리다 겨우 마련한 날씨
더위에 못 이겨 소나기 한줄기 퍼붓더니
땅을 온통 진흙탕으로 만들어 버렸다

밭을 갈아야 배추를 심는데
포토에서 자꾸만 고개를 쳐드는 모를 보며
애가 타서 새벽 5시부터 밭을 갈고
기다렸다 배추를 심으려니
왜 이렇게 걸리적거리는 것은 많은지
잊어버리고 지나는 일은 왜 그리 많은지
배추포토 밭에 심으면 그만일 것 같은데

호미 사러 철물점으로 가는 길
밭에서 손 놓고 기다리는 일꾼들 생각에
바쁜 마음 서두르는데
삼십 킬로 속도로 주행하는 앞차
불쑥 무언가 올라오는 순간 시선을 멈춘 글자

'어르신 운전 중'

제5부 처녀치마

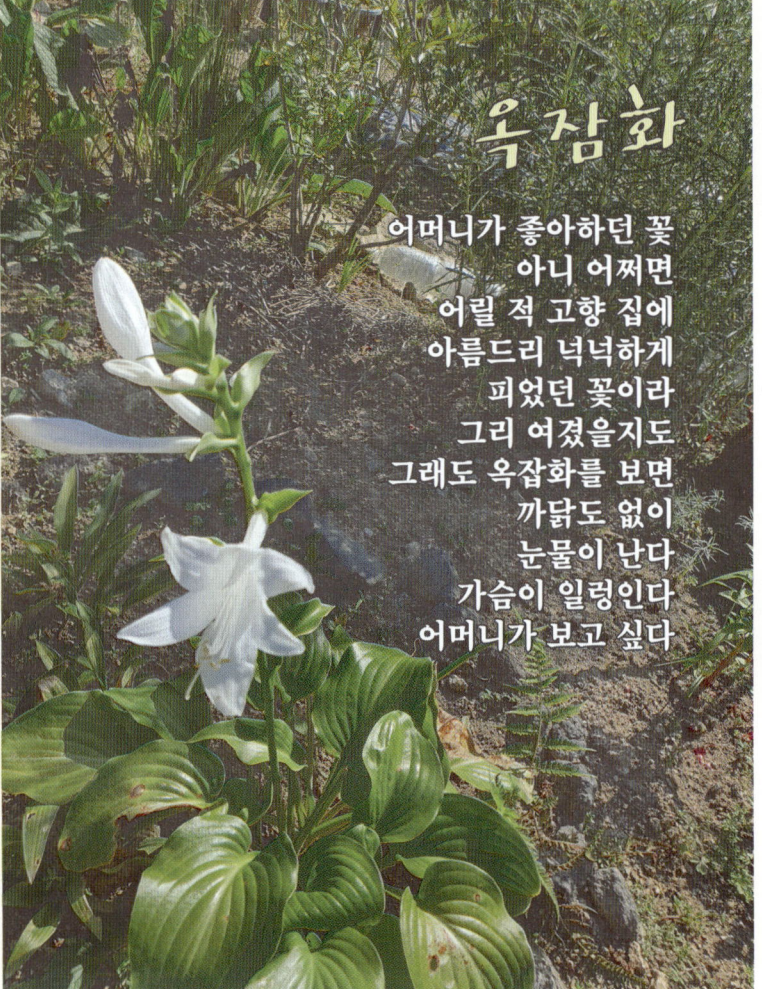

옥잠화

어머니가 좋아하던 꽃
아니 어쩌면
어릴 적 고향 집에
아름드리 넉넉하게
피었던 꽃이라
그리 여겼을지도
그래도 옥잠화를 보면
까닭도 없이
눈물이 난다
가슴이 일렁인다
어머니가 보고 싶다

가계도

초기 상담지에 이름, 주소, 주민번호를 적다
11남매가 들어가야 할 가계도에서
주춤 심장이 멎는 소리를 듣는다

어떻게 그렸더라
메모지를 얼른 꺼내 들었다

문득 세 살 때 죽은 동생이 생각났다
초등학교 들어가기 전에 운명을 달리하는 일이 많아
대여섯 살이 지나야 호적에 들어갈 수 있었다는데
호적에 있었던가, 가계도에는 그려 넣어야 하나

가끔씩 꿈속에 동생은 죽던 날 모습 그대로
하얗게 웃고 있다

우여곡절 끝에 와 준 오늘 이 시간
11남매의 이력을 다시 들여다본다
참 사연도 많았겠다

비 오는 날의 단상

멀건 하늘빛
봄 향기 머금고 쏟아져 내린다

며칠 전 척추 수술받고
병원이 싫다며 억지로 퇴원하여
남편 곁으로 와 핼쑥하게 웃던 모습
조금 더 병원에 있어야 하는데
말도 참 안 듣는다며 반가움인지
걱정인지 잔소리하던 할아버지

오늘 다시 만난 할아버지
할머니보다 더 초췌한 모습으로 반긴다
하반신 마비가 되어 산지 20여 년
할아버지 걱정되어
수술받고 몸조리도 제대로 못 하고
집으로 왔을 거란 걸 알기에
눈빛 주는 모습마다 눈물이 그렁하다

'죽으려고 집에 왔나 봐
가겠다는데 어찌 말려'
'그래도 좀 잡아보지'
멋쩍은 몇 마디 말이 오가고
할아버지 목욕하러 휠체어 타고
이동 목욕차에 오른다

허허로운 마음 비인 양, 눈물인 양
하염없이 흐르는데
여름을 향해 달려가는 늦은 봄비
빗물 머금은 초록빛 향연
싱그럽다

봄날의 선물

치매검사지에 꼭 들어가는 문항
'학교는 어디까지 나오셨어요'
라는 질문지 상식으로는
두 가지에서 세 가지
어쩌다 한 번은 다섯 가지 중 하나인데
대답은 열 가지도 넘는다

'글쎄 일곱 살이었던가
소학교도 들어가기 전에
죽었다 하여 거적때기에 둘둘 말아
이른 새벽에 지게에 태워
산으로 갔다잖아 네 삽을 떴다던가
거적때기가 꿈틀거려 헤쳐보니
살아 있어 집으로 데리고 왔대
그래서 학교 문턱은 가 보지도 못했어'

세월 좋아 요즘 글 모르는 사람 없지만
어머니를 대하는 양 가슴이 애잔하다
무슨 말로 위로해야 하나
'어르신 인자한 모습이 참 곱네요'
'곱기는 주름살만 남았는데'
'아니에요 정말 고우세요'
재채기처럼 튀어나오는 생색
참 얄궂다.

잘살아 보세

무심한 날씨가 더위를 건져 올린
여름 한낮

궁시렁 궁시렁
벌써 치매인가, 계산 착오로 한 곳을 빼먹었던
경로당 쌀 배달을 싣고 무더위와 씨름하며
도착한 곳

'우리 같은 노인네 챙기느라
젊은 사람이 더운데 애쓰네'
문득 세심한 배려 건네지 못했던 일상이
미안한 마음이 들어
고마운 한마디 한마디 말없이 꿀꺽 삼키며
얼른 되돌아오는 걸음에

'이거 가면서 먹어'
하얀 비닐봉지 속 가래떡과 믹스커피 한잔
등을 불러 세운다

무심결에 돌아선 눈앞에
경로당 건물 앞 벽에 걸어진 커다란 현수막
바쁜 마음이 미처 보지 못했던 글귀가
가슴속에 새겨든다

'다시 한번 잘 살아보세'

머들

푸른 바람 걸린 나뭇가지 위
할 말이 너무 많아 한숨으로 토해내는
넘어진 시간 들이 몸 털고 일어나
색바랜 검버섯처럼 군데군데 허옇게 번져간다

억겁의 결빙시간 풀려
십수 년의 흘러도
잊을 수 없는 세월의 무게

닮았다

산중을 헤매다 잡혀 와 학살당하고
반년이 지나 토벌대 지나간 시체는 이미 썩어
형체도 알아볼 수 없어 빈 봉분 만들고
혼을 불러 만든 무덤

* 머들 : 돌무더기의 제주도 말

편지

이른 새벽 꿈속에서 잠이 깼습니다
비워내지 못한 상처들을 끌어안고 잠을 잔 시간
간밤에는 꿈이 세상을 지배한 듯
세상살이 여물지 못한 날들로 가득 채워
흔적 남기지 않으려 발버둥 쳐 보지만
속절없이 무너지고 맙니다

아직은 당신을 사랑했던 기억 들을 버리고 싶지 않기에
그리움마저 아스라이 멀어지는 시간 붙들고
감히, 지금도 살아계신 당신을 두고
내게 선택할 기회가 있다면 아버지가 아닌
어머니가 살아계셨으면 하는 것입니다

가물가물 아침햇살이 밀려옵니다
아버지 그간 안녕하신지요?
또 한 번의 하루가 주어진 내 삶
아직도 당신의 대한 응어리를 풀어내지 못한
못난 딸은 또다시 죄를 짓는 하루를 시작합니다.

가을

계절마다 도지는 향수병 앓이
기억 속의 흙냄새, 바람, 햇볕
별빛 차갑게 울어
얼룩진 소리 뱉어내어도
천천히 가보기로 했다

돌아선 등 뒤로 가을 햇살 따사롭고
계절은 묵묵히 시간을 따라가지만
가을이 가고 또 겨울이 와도
다시 찾아오는 봄 햇살처럼

아직도 회복되지 않는 4.3의 깊은 상처
이제, 또 어느 만큼의 계절이 지나야
한 맺힌 가슴 쓸어내려
할머니, 아버지, 삼촌 그 아픈 상처
붉게 멍든 가을 단풍 지나
유채꽃처럼 환한 웃음 지어 주려나

애쓰지 마라

곤고한 내면의 의식 흔들어 깨운 상념마다
버거워 고개를 젓다 스러져간 수많은 길
골수를 파고드는 양심마다 찌꺼기만 남아
미친 듯이 달려가다 숨 쉬는 찰나마다
허무하게 스러지는 시간

슬픈 노래가 들린다
젊은 날의 우수는 여린 호흡으로
이 골목 저 골목 기웃거리고
고독은 언제나 슬픈 파문으로 남는다
서산의 해는 오늘도 자취를 남긴다

이제 더 이상 남겨야 할 무엇이 있었던가
시작도 끝도 진실도 사랑도 아닌
내 몸 흔들어 아픈 상처만 오롯이 남아
생채기 하듯 불현듯 달려와
내게 아픔이라 말하는 어쭙잖은 순간들
애쓰지 마라
삶은 형편없는 삼류소설일 뿐

바람의 아내

봄 언덕을 서성이며 계절을 앞서간다
세차게 몰아치던 눈물의 흔적
뜨락에 조용히 내려앉아
밤새워 창문 두드리는 새벽이슬
행여 꽃으로 다가설까
진초록 아우성치는 오르가즘
계절의 벽을 지나 무성하게 그리움 떠오르고
별들이 소곤거리는 진한 밤

너의 빛이 내게로 들어와
유리알 같은 성을 만든다

오랜 잠에서 깨어난 조각들
사소한 것들도 꽃이 되어
한 폭의 수채화가 되고
심장을 울리는 풍경 소리로
노랫말을 만든다

다시 태어나도
내 것이 아닐 거라는 절망
절망이 안겨다 준 모질었던 삶
너로 하여금 다시 태어나
꽃이 된다

시간

그리움이 넘쳐나는 하루
내게로 온 너는
오늘도 무심하게
바라만 보고 있구나
보채지도 서두르지도
조바심도 없이

그래서 내가 먼저 너에게
말을 걸어본다
바닷가가 보고 싶지 않니?
고즈넉한 찻집을 만나고 싶진 않니?
그리운 사람 만나서 수다 떨고
좋아하는 상추쌈 볼이 터지도록
소주 한 잔 먹고 싶지 않니?

그래도 무심하게 바라보기만 하는
너

한우림 시집

어른도 아프다

초판 발행일 2024년 9월 26일

지은이 한우림

펴낸이 양상구
웹디자인 김초롱
펴낸곳 도서출판 채운재
　주소 우) 01314 서울시 도봉구 시루봉로 15라길 38-39 301호
　전화 02-704-3301
　팩스 02-2268-3910
　H·P 010-5466-3911
　E-mai ysg8527@naver.com

정가 12,000원
ISBN 979-11-92109-76-3 (03810)

@ 한우림 2024

* 이 책은 저작권법에 따라 보호받는 저작물이므로 무단전재와 무단복제를 금지하며 이 책의 내용 전부 또는 일부를 이용하려면 반드시 저작권자와 도서출판 채운재의 동의를 받아야 합니다
* 파손 및 잘못된 책은 구입처에서 교환해 드립니다

※ 이 책은 인제군문화재단 지원을 받아 발행되었습니다